D1719842

Betty Tapscott

Ich
verspreche
Dir...

Einstieg, Hilfen und Erneuerung
für ein Leben zu zweit

Ich glaube, daß uns Gott dazu bestimmt und berufen hat, als Ehemann und als Ehefrau zusammenzuleben.

Im Vertrauen auf Ihn verspreche ich …

Dir treu zu sein:

*I*ch bekenne mich mit meiner ganzen Person zu unserer Ehe und bemühe mich, alles in meiner Macht stehende zu tun, um sie zu fördern.

*W*ann immer Beratung, Eheseminare oder Freizeiten unserer Ehe einen Schritt weiterhelfen können, möchte ich diese Angebote in Anspruch nehmen und wirklich gerne und mit Freude daran teilnehmen.

Ich verspreche Dir ...

mit Dir vor Gott zu leben:

Ich möchte täglich für uns und unsere Ehe beten. Ich werde alles mir Mögliche tun, Gott besser kennenzulernen und die Beziehung zu ihm zu vertiefen. Ich wäre Dir sehr dankbar, wenn wir jeden Tag gemeinsam in der Bibel lesen und Gottes Nähe im Gebet suchen könnten.

*M*ir ist es so wichtig, daß wir gemeinsam
alles vor Gott bringen, was unser Leben
betrifft: die Bedürfnisse unserer Familie, unsere
Finanzen, weitere Wegweisungen oder was gerade
anliegt.

Ich verspreche Dir ...

Dir immer einen Neuanfang zuzugestehen:

Ich bin bereit, alle Verletzungen, Streitereien und Versäumnisse, die bereits geschehen sind, Vergangenheit sein zu lassen. Wenn mir alte Geschichten einfallen, will ich ihnen in meinem Herzen keinen Raum mehr lassen, sondern stattdessen lieber Gott danken, daß ich mit Dir mein Leben teilen darf.

*S*ollte ich Dich verletzen, werde ich mich
entschuldigen und sofort um Vergebung bitten,
damit Versöhnung möglich ist. Wenn ich verletzt
werde, will ich sofort vergeben, mich aussöhnen
und nicht nachtragend sein.

Ich verspreche Dir ...

Dich hoch zu achten:

Ich werde Dich höher achten als irgend jemanden sonst, seien es Freunde oder Familienmitglieder. Gott steht in meinem Leben an erster, Du an zweiter Stelle. Erst danach kommen meine Familie, meine Freunde oder die Gemeinde.

*W*enn es trotzdem zu einem Konflikt kommt,
  wollen wir gemeinsam nach Lösungen
suchen, um diese Rangordnung wiederher-
zustellen.

Ich verspreche Dir …

Dich zu stärken:

Täglich werde ich in unsere Ehe investieren. Durch Worte und Taten werde ich mich bemühen, meine Liebe und Wertschätzung Dir auszudrücken. Ich will Dich ermutigen und bestätigen. Ich werde Dich nicht durch Vergleiche mit anderen Menschen, Deinem Beruf, Aussehen, Einkommen, usw. unter Druck setzen.

*A*uch werde ich Dinge aus unserem
Privatleben nicht nach außen tragen und
mich nicht ausweichend oder unwahrhaftig
verhalten. Mein Leben soll aufrichtig und
durchschaubar sein.

Dich zu fördern:

Ich weiß, daß jeder von uns beiden gleich wertvoll ist. Darum möchte ich mit Hingabe an allen Deinen Interessen Anteil nehmen, an Deiner Seite stehen und nicht nur um meine Pläne und Probleme kreisen. Ich will unsere Beziehung weder dominieren noch durch falsche Unterwürfigkeit untergraben.

Darum werde ich Dich ermutigen und mit Dir über Deine Hoffnungen, Träume, Visionen, Wünsche, aber auch Ängste und schmerzhaften Erinnerungen sprechen. Ich werde sie ernst nehmen und Dein Vertrauen nicht mißbrauchen. Ich will ein guter Zuhörer sein und diese Dinge in meinem Gebet vor Gott bringen.

Ich verspreche Dir ...

Dir meine Liebe auszudrücken:

*I*ch werde nie aufhören, Dir zu sagen, daß ich
Dich liebe.

Ich werde nicht vergessen, Dich in den Arm zu nehmen, zu küssen und mich darum bemühen, Deine emotionalen, seelischen und körperlichen Bedürfnisse zu erfüllen. Ich will meinerseits aufmerksam auf alles eingehen, was Du sagst oder tust, um mir Deine Liebe auszudrücken.

Ich verspreche Dir ...

Dich zu verstehen:

*I*ch werde Deine persönlichen Glaubensüberzeu-
*gungen respektieren und mich dadurch nicht
bedroht fühlen.*

16

Wenn wir nicht einer Meinung sind, werde ich versuchen, Deinen Standpunkt zu erkennen; aber ich werde versuchen, auch meinen Standpunkt und meine Gefühle Dir veständlich zu machen. Ich will mit Dir Lösungen suchen, die stabil, biblisch und ausgewogen sind.

Ich verspreche Dir ...

zu Deiner Entfaltung beizutragen:

Ich will Dich ermutigen, Dein Vertrauen stärken und Dich auf jede erdenkliche Weise unterstützen, damit Du Dich in allen Aspekten Deiner Persönlichkeit ganz entfalten kannst. Im Rahmen unserer Ehe bemühe ich mich ebenfalls um meine Entfaltung.

Ich verspreche Dir ...

aufrichtig mit Dir umzugehen:

*I*ch will mit Dir ständig das offene Gespräch suchen und keine Geheimnisse vor Dir haben. Ein ganz großer Wunsch in mir ist es, Dir ein solcher Partner sein zu können, daß Du Deine tiefsten Gefühle, selbst wenn es Kritik, Schmerz oder Wut wäre, nicht verbergen mußt.

Ich will Dir so zuhören, daß ich verstehe, um was es Dir wirklich geht, ohne Dich zu unterbrechen oder mit Selbstverteidigung, Wut oder Selbstmitleid zu reagieren. Ob ich dabei immer freundlich und liebevoll bleiben werde, weiß ich nicht; aber versuchen werde ich es immer wieder, weil ich es mir von Herzen wünsche.

Ich verspreche Dir ...

zu Dir zu halten:

Ich werde um jeden Preis Deinen Namen, Deine Ehre und Integrität verteidigen, damit jeder erkennt, daß Du in meinem Leben an erster Stelle stehst. Wenn man Dich beschuldigt, werde ich mich zuerst mit Dir zusammensetzen, um Dir zuzuhören, was Du dazu zu sagen hast. Ich werde nicht in den Chor der Ankläger einstimmen, Dich beleidigen oder Deine Worte in Frage stellen.

Vielmehr entscheide ich mich, Dir zu glauben und Dir auch dann zu vertrauen, wenn die Umstände gegen Dich sprechen. In einer solchen Situation werden wir zusammen beten, Gott um seine Hilfe bitten und zusammenhalten.

Ich verspreche Dir ...

mich zurückzunehmen:

Ich möchte so zu Dir stehen, daß es mich auch nicht umwirft, wenn Du über irgend etwas eine völlig andere Meinung hast. Jeder von uns beiden sieht und erlebt die Welt auf seine ganz persönliche, einmalige Weise. Es wäre eigenartig, wenn nicht hin und wieder unsere Ansichten auseinandergehen.

Ich möchte unbedingt lernen, in Deiner Ansicht das zu entdecken, was in meiner Sichtweise fehlt. Jedenfalls werde ich alles daransetzen, daß verschiedene Meinungen unser Zusammensein nicht belasten können. Wie gut, daß es bei unvereinbaren Standpunkten noch einen »Dritten« gibt …

Ich verspreche Dir ...

unsere Ehe zu schützen:

*I*ch werde nicht zulassen, daß Beziehungen zu anderen Menschen unsere Ehe gefährden oder in sie eindringen können. Ich werde sehr darauf achten, keinem anderen Menschen die Privilegien einzuräumen, die eigentlich nur Dir zustehen (Zeit, Vertraulichkeit, Zärtlichkeit, usw.). Ich werde niemandem erlauben, Dich anzuklagen, zu beleidigen, Dich herabzusetzen, zu demütigen oder Dich in Verlegenheit zu bringen.

Ich werde mit keinem Menschen des anderen Geschlechtes unangemessen vertraulich umgehen. Ich werde keine Freundschaften aufbauen oder pflegen, die eine Verbindlichkeit verlangen, die nur Dir zusteht. Ich weiß, daß viele dieser Dinge eine Art Betrug darstellen, den man auch geistigen Ehebruch nennen könnte. Ich will mir diesen Weg auch als Denkmöglichkeit grundsätzlich versagen.

Ich verspreche Dir …

an mir zu arbeiten:

Ich werde mich nicht einfach meiner Lust und Laune überlassen und mein Herz und meine Gedanken durch Zeitschriften und Filme mit Dingen füllen, die ich mit Dir zusammen nicht anschauen würde.

*A*uch möchte ich mit meinem Körper gut umgehen, den Mißbrauch von Nikotin, Alkohol oder Tabletten in meinem Leben nicht zulassen, stattdessen auf eine gesunde Lebensweise für uns beide (bzw. unsere Familie) großen Wert legen. Ganz besonders möchte ich darauf achten, wie und was ich rede: ob es wahr ist oder angeberisch, zuvorkommend oder grob, anregend oder geistlos.

Ich verspreche Dir ...

Dein Leben zu bereichern:

*I*ch werde versuchen, alle Dinge mit Humor zu
sehen und anzugehen.

*D*ie so gelebte Distanz zu mir selbst, läßt mich auch mit anderen und auch mit Dir anders umgehen. Wir sind alle gleichermaßen erbarmungswürdig und liebenswert ... Wie gut zu wissen, daß Gott das auch so sieht!

Ich verspreche Dir ...

auf Dich einzugehen:

Ich möchte Deine Vorlieben und Abneigungen kennenlernen, um darauf eingehen zu können. Ich werde andererseits auch Dich nicht im unklaren darüber lassen, was mich ärgert oder stört.

*E*s gibt uns beiden große Sicherheit, wenn wir
zu jeder Zeit wissen, wo wir miteinander dran
sind. Ich will von meiner Seite aus jeder Art von
Ausschweigen eine endgültige Abfuhr erteilen!

Du siehst, wie es in meinem Herzen aussieht, wie unendlich wichtig mir unsere Ehe ist. Darum möchte ich alles nur Mögliche tun, unsere Ehe voranzubringen, wie ich auch alles vermeiden will, was sie gefährden könnte. Ich bin mir dessen bewußt, daß unser Ehebund vor Gott und vor den Menschen dazu bestimmt ist, für immer zu bestehen. – Gleichzeitig mache ich mir über meine begrenzten Kräfte keine Illusionen. Sollte daher meine Liebe zu Dir jemals abnehmen, dann verspreche ich, auf meine Knie zu gehen und solange zu beten, bis Gott diese Liebe wiederhergestellt hat.

Eheversprechen

Durch die Gnade Gottes gelobe ich im Namen Jesu, Dich von ganzem Herzen zu lieben und zu ehren, so wie Christus seine Kirche liebt. Ich verspreche Dir, uneingeschränkt zu unserer Ehe zu stehen und alles daran zu setzen, daß sie gelingt. Ich schließe mit Dir einen Bund, an dem Gott seine Freude haben kann und der etwas von seiner unumstößlichen Treue widerspiegelt.

Denn Du bist die besondere Person, die Gott an meine Seite gestellt hat und »was Gott zusammengefügt hat, soll der Mensch nicht scheiden.«
Von Herzen danke ich Gott dafür, daß er uns zur Ehe berufen hat.

Dein(e)

Titel der Originalausgabe:
A Marriage Covenant Pledge

©1990 Betty Tapscott
Tapscott Ministries
P.O.Box 19827 Houston, Texas 77224

© der deutschen Ausgabe
by Projektion J Buch- und Musikverlag GmbH,
Niederwaldstraße 14, 65 187 Wiesbaden

ISBN 3-925352-84-8

Umschlaggestaltung: Büro für Kommunikationsdesign
Wolfram Heidenreich, Haltern am See
Satz: Projektion J, Buch- und Musikverlag GmbH
Druck: Schönbach Druck GmbH, Erzhausen